AF619994

DES MOTS EN FLORILÈGE
Recueil de poésies

CLAIRE LYS

ILLUSION

L’importun absolu, nous instruit malgré nous
D’influx incisifs, incongrus, qui nous font frémir
Car, surgissant du passé, nous trouvons sous
L’amas épais, l'illusion qu’on voulait abolir.

L’annihilation imposant dans nos plaisirs
Plus d’inhibition qu’on n’a jamais su saisir,
Nous contraint à l’oubli, abolissant la raison
Puis, Nous croyant impur nous créons nos cloisons.

L’abandon affaiblit nos élans vivifiants,
Nous poussant à surseoir à nos aspirations.
Nous craignons tout combat voyant plus humiliant
D’ouïr un courtisan ou un mystifiant.

Nous méconnaissons nos dons, nous rabaissant,
Tant nous n’avons ni la foi, ni désir jaillissant
Puis laissant inaccomplis tous nos travaux
Nous fondons dans l’oubli nos vains idéaux.

ELLE A DES YEUX D'AGATE

Elle a des yeux d'agate et un nez retroussé,
Une bouche charnue, une gorge attrayante.
Alléché franchement, car n'étant pas fuyante,
L'éventuel galant se sent non repoussé.

Seul le jaloux blessé, à l'amour émoussé,
Rêve d'une vengeance, amère ou effrayante,
Car l'adultère rend sa femme larmoyante,
Reprochant chaque jour son dégoûtant passé.

Un jour sans alerter, la beauté se craquelle
Les yeux sont plus cernés, la peau, cette cruelle,
Perd sa belle souplesse et part le seul amant

Le désert est le lot des femmes trop gourmandes
De perles et bouquet et d'amour sur commande
Et vendent pour du vent leur corps au plus offrant.

NUIT LACTESCENTE sans la lettre O

Vieillir, sans s’inquiéter du temps qui s'accumule,
En cette heure perdue au ventre de la nuit,
Quand le laiteux frimas, sur la tête simule
Un granuleux cristal, qui se répand sans bruit.

Revenir à pas lents sur le sentier qui crisse
Suspendre un bref instant la marche puis saisir
Que ce spectacle exquis est déjà la prémisse
D’un crépuscule bleu, augmentant ce plaisir.

Regagner le chemin qui se blanchit de givre
Et, entre les lueurs des lanternes de cuivre,
Se regarder enfin des éclats dans les yeux.

Être heureux simplement de sentir cette paix
Investir ce présent, qui rend si merveilleux,
Perché sur ce sapin, un beau merle de jais.

PERSONNAGE DE L'OMBRE. Sans la lettre I

Sentes escaladant les monts et leurs arêtes,
Sombres voûtes touffues, aux arceaux verdoyants,
Soulèvent en mon cœur la cendre de mes quêtes
Quand je pense gommer, ces regrets ondoyants.

Tellement de nos pas sont gravés sur le roc,
Que je pense encore en retrouver la trace,
Lorsque le goût d'aller recouvrer tout en bloc,
Mes lourds secrets d'enfant rompront leur carapace.

On se crée, en tentant de rester hors de l'eau,
Un personnage fort car personne que nous
N'a pu contempler l'or, chatoyant sur sa peau,
Au verso très secret de nos chers rendez-vous

Ce fut mon protecteur, lors des longs jours de guerre,
Me berçant doucement, sous la tente des draps.
Je veux, dans mon présent, lorsque bat le tonnerre,
Penser à cet ourson reposant dans mes bras.

L'ESTÉREL EN FLAMME – lipogramme de Ô

Dans un ciel imbibé de beaux bleus pastellistes,
Un stratus ténébreux menaçait la splendeur
D'un astre étincelant, invitant les artistes
A le rendre plus clair, sans que ce fût laideur.

Des nimbus s'inventaient des flancs surréalistes
Faits de verts émeraude et lilas de candeur
Mais, malgré leur éclat, les nues étaient bien tristes,
Tant les cieux s'altéraient et devenaient laideur

L'air était saturé par cette turbulence
De résidus ardents car leur pulvérulence
Se mêlait au vent chaud, si étrange en hiver !

L'Estérel se livrait aux mains des assassins ;
L'incendie embrasait la terre, puis les pins
Et ces langues de feu en effaçaient le vert.

LES MOTS M'ATTIRENT
Lipogramme de u

Trop agaçants aimants, termes et mots m'attirent,
Sans accorder le rêve à la perfection.
Je cherche vainement, mais vifs ils se retirent,
Me laissant avide et sans appréciation

Je remonte le temps et me vois à l'école,
Avec ce tablier rayé de rose et blanc,
Des crayons de graphite et cette gomme molle,
Tentant d'ôter les taches à même le banc.

Le lilas printanier de grappes garni,
Sa fragrance de miel remplissait notre classe,
Affaiblissant l'effort de ce travail fini,
Tant nos désirs étaient d'abandonner la place.

Je me rappelle encor des petites gommettes
Collées en rangs serrés et ornant le cahier,
Des lignes de bâtons comme des baïonnettes
Initiant la main à calligraphier.

/ Suite 1

Cependant nos esprits n'étaient pas à la fête,
Les combats fratricides étaient bien trop présents !
La sirène parfois faisait lever la tête,
Car l'effroi et la mort étaient omniprésents.

LES VOILES DU TEMPS

La lumière s'enfuit dans un azur bruni
Et la nuit, bientôt, va voir voler les anges.
Dans un firmament clouté au noir d'infini
Se meuvent des mondes aux orbites étranges

Il est certains soirs où l'angoisse nous fait craindre
La mort qui, en venant, oubliera la lueur
Vivant au fond des yeux, aux havanes couleurs,
Car le feu de la vie ne peut que s'éteindre.

Poussière d'étoile dans cet univers sombre
Je ne sais d'où je viens, ni où je vais encor.
J'oublie l'alchimie changeant le plomb en or,
D'une lointaine vie rejetée dans l'ombre.

De furtives images, aux chatoiements pâles,
Émergent des pensées en folle girandole.
Car mage je me vois tenir l'illustre rôle
D'un guérisseur connu, nommé Nostradamus.

Des grimoires secrets surgis de ma mémoire.
Évoque une maison dans les murs de Salon.
L'étroite ruelle porte encore son nom
Initiatiquement je revis son l'histoire.

/ Suite 1

Cette ville du Sud, aux arbres argentés
Dont le mistral trousse les branches et les feuilles,
Cultive avec amour vieux et verts oliviers,
Et des guerres d'antan elle en porte le deuil.

J'ai parcouru, alors que chantaient mes vingt ans,
Ces ruelles sentant la terre de Provence,
Près de la fontaine moussue et d'un vieux banc,
Me suis assise un jour pour oublier l'enfance.

Déjà enfant, j'avais la particularité
De secrètement parler, pour apprivoiser l'ombre
Et de surprendre, au détour d'un arceau abrité,
Des émanations lumineuses ou sombres.

Je leur confiais alors mes plus pesants secrets
Et me délivrais ainsi d'une vie de déboires,
Et quand vers la maison en courant je venais,
J'étais débarrassée de ces viles histoires.

Combien près du tombeau ai-je entendu de plaintes
Et surpris aussi ceux, faignant d'oublier
Que Nostradamus a vécu dans les enceintes
Du château Trez Castel, où il fit son foyer.

/ Suite 2

Et c'est le vif mistral, chantant dans les ramures,
Qui me conta la vie de sieur Nostradamus
Sa vie d'astrologue et, loin des orémus,
Son gros traité parlant même des confitures !

*

*   *

La vie est un rêve qui au jour s'interrompt
Dès que le ciel pastel éclaire l'horizon
Et je suis intriguée par l'étrange fantasme
D'avoir un jour vécu sans cette peau de femme

Je me défais alors de ce lien qui m'entraîne
À vivre maintenant mon unique mission
Sachant que l'absolu guidant la gent humaine
Est de nier le divin et sa création

*

*   *

J'ai revu cette nuit peuplée de solitudes
Ces heures s'égrenant où nous nous abreuvions
Ma famille et moi de plein de certitudes
Quand les centuries avertissaient les nations

Tourmenté par l'Église, ma vie menacée
Par mon trop grand esprit d'originalité,
Je repris la route, les lanternes éteintes,
Pour vite échapper aux autorités enfreintes.

/ Suite 3

Rendu à Montpellier j'appris la médecine
Et je partis soigner l'épidémie de peste
Où plus meurtrières que guerres intestines
L'usage des saignées tuait de façon preste

Des puissants de la cour, par mes deux mains, touchés,
Ont crié « ô miracle » et vanté mes bienfaits.
Mes présages pour eux furent si inspirés,
Qu'auprès du roi je fus très souvent appelé.

On oubliait pourtant que bonnes mœurs contraintes
Sous le joug des cartels tremblaient à tous les vents.
Nonobstant mes bienfaits on oublia ma plainte
Quand la peste emporta ma femme et mes enfants.

*

* *

Mais soudain le réveil déchira le mystère,
Me jetant dans la vie, d'ici et maintenant.
Restait encore en moi triste pensée amère
De n'avoir pas été accepté dans ces temps.

Mon sang charriait des mémoires akashiques
Quand s'ouvrait le portail de toute éternité
Dans mes gènes coulaient les parentés mystiques
Qui depuis l'enfance m'avaient tant imprégnée

/ Suite 5

Une nuit, où la lune blanche se mirait
Dans le lac aux reflets glacés de ma psyché
Mes yeux grands ouverts dans ce blanc insondable
Perçurent près de moi une entité palpable.

¶

Quand l'astre de la nuit, femme aux paupières closes,
Se voila d'iridescents reflets mystérieux,
Je vis dans la fumée d'une cornue enclose
Se concrétiser l'âme d'un homme vieux.

Mes pensées éloignées des soucis domestiques
S'accéléraient car s'effaçait tout sérieux
Quand je crus voir à l'ombre de portiques
Une foule d'hommes vêtus comme des gueux

Flottaient sur la ville d'âcres vapeurs ardentes
Fumant des braseros brûlant sur les pavés
Sur le seuil des portes une croix insistante
Signalait qu'on devrait tout brûler et laver

La peste avait frappé, on crevait à la ronde,
Et l'on ne pouvait plus recenser les mourants
L'on entendait gémir depuis l'aurore blonde
Sur leurs grabats souillés, tous les agonisants.

/ Suite 6

Impie, l'homme n'est plus qu'aveugle matière.
En pensant pouvoir créer ce qui est vivant.
Au juste jour pourtant il sera poussière,
Car même le savant n'insuffle que du vent

J'ai accordé ma foi aux idées fugitives
De ce que l'on nommait pompeusement sciences
Mais devant leur pensée bien plus que fictives
Mon esprit incisif retardait l'espérance.

Sans doute résistent-elles encore en mes gènes,
Ces indicibles joies, quand j'ai cru approcher
L'âme de mes patients, sans que rien ne gêne,
Ou ne vienne troubler l'exquise intimité.

Je n'ai pas éprouvé comme Nostradamus
L'ivresse de la gloire ni cette défaveur
Mais ma vie engendra un prolifique humus
Car c'est sur le fumier que grandissent les fleurs

J'ai tenté de saisir tout l'incommunicable :
Des enfants violés, avilis, et battus
Les bleus à leur âme et au corps insoutenables
Et qui pourtant vers moi confiants sont venus.

FIN

RÊVES RÉCURRENTS
Lipogramme de O

Quand au petit matin, cette même pensée
Accélère le sang et augmente ma peur
Je me lève en sursaut, me traitant d'insensée
Puis me fais un tilleul apaisant la frayeur.

Ce rêve récurrent, survient à la même heure
Et s'acharne à créer, à jamais identiques,
Les hauts murs délabrés d'une vieille demeure
Abritant, en ces lieux, des secrets dramatiques.

Je ne sais pas d'ailleurs quelle en est la teneur,
Mais sens distinctement une vague présence
Se plaquer à ma chair et, devient très gêneur,
L'impensable désir de braver ce silence.

Je franchis le vantail, qui lentement s'écarte
Devant de grands cyprès, griffant un ciel très gris.
La brume qui descend efface la pancarte,
Dans laquelle je butte au milieu de débris

Rangement laiteux, l'éclat des lampadaires
Éclaire des statues aux visages cachés.
Tels les représentants de rites funéraires,
Les gisants ébranlent ma fragile psyché

/ Suite 1

Je ne peux plus crier, restant pétrifiée
Car mes lèvres scellées encellulent le cri,
Qui hurle au-dedans mes peurs injustifiées
D'être, là, séquestrée de ce curieux abri.

Quand la lune, éclairant le firmament bleuâtre,
Répand sur le jardin des teintes effaçant
Les mystérieuses stèles de marbre et d'albâtre,
Je reprends mes esprits, la terreur s'espaçant.

Sur les escaliers aux dalles disparates,
Un chat aux yeux anis me fixe sans ciller.
Ce regard aimanté aux différentes strates
De verts acidulés s'amuse à me railler.

La bâtisse m'attend. Ses petites fenêtres,
Cavités béantes, identiques à des yeux,
Que le temps a blanchi d'une fleur de salpêtre,
Claquent brutalement, dans ce vent furieux.

Des feuilles me giflent, se perdent en mes cheveux,
La demeure m'appelle, serait-ce le salut ?
Je m'enlise à présent, dans un terrain fangeux
Détrempé par la pluie et le vent fait chahut.

/ Suite 2

Brusquement une issue attire le regard.
Deux vantaux sur le seuil lentement se déplient.
Me traînant jusqu'à l'huis, le visage hagard,
J'entends distinctement des cris qui me supplient.

Je ne peux reculer, il me faut pénétrer
Dans cet antre secret qui semble, là, m'attendre
Depuis bien des années, afin de perpétrer
Les réminiscences puis, au silence les rendre

Je brave le danger car la peur du mystère
Est plus délétère que le péril lui-même.
Blafarde, se répand une étrange lumière
N'éclairant que mes pas, d'un rai de faisceau blême.

Je ne distingue rien et ne peux qu'inventer
Ce qui, devant mes yeux, présenterait un piège.
Sans plus aucun repère, il me reste à tenter
De suivre par instinct mais sans être un stratège.

Faisant de grands cercles de mes pieds, je m'engage
Sur un tracé secret, qui va s'éclaircissant.
Je réalise là, que dans cet arpentage,
D'un plancher affaissé, le vide est bien présent !

/ Suite 3

Vétustes et tenues par de grands madriers
Les planches fléchissent, tandis que je franchis
Étant attentive, bras en balanciers
Cet univers abstrus trahissant un gâchis

De l'eau stagnante en bas, l'espace a envahi.
Faisant fi des relents déclenchant la nausée
Je persiste et atteins un palier infléchi
Dans une spirale, abrupte et malaisée.

Là-dessus surnageant, des lettres et images
Achèvent le tableau, suscitant l'embarras.
Je ne peux détacher mes yeux de ces naufrages,
Et je me regarde, gisant dans cet amas.

Si l'être subsiste dans ce milieu putride,
Je reste à la surface, le visage apaisé.
Je me sais divisée, car cette chair livide
N'est plus qu'un vieux sac que Camarde a baisé.

Une grande lueur éclaircit brusquement
Les murs qui prennent vie au fur et à mesure
Qu'un bel arbre grandit avec acharnement,
Me hissant au plus haut de sa verte ramure.

/ Suite 4

Je ne sais pas d'ailleurs, ni par quels artifices
Cet arbre prend l'aspect maintenant d'un radeau
M'écartant de ces lieux et de ces maléfices
Nimbée de lumière, et ceinte d'un bandeau.

Sur l'eau transparente laissant pendre ma main
Je repêche un à un des esquifs de papier
Sur lesquels je peux lire dessiné au fusain
Un terme que plus tard je saurais apprécier.

Le ciel est devenu bleu, les nuages s'invitent
À suivre le chemin que je prends à présent
La terre et le ciel dans l'espace gravitent
Mais je sais qu'ils m'incluent en eux en même temps.

Le vent en murmurant, me répète inlassable
Le même terme lu, sur les frêles bateaux
Je n'ai su bien plus tard qu'il serait guérissable
Et saurait à lui seul alléger mes fardeaux.
Et ce terme est SALUT

Un fragment d'écriteau, aperçu au jardin,
Surnage lui aussi, entre mer et le ciel.
Dans ces lettres, gravées finement au burin,
Je lis avec stupeur, unique et essentiel :
LIBERTÉ

L'ÉGLISE ABBATIALE Sans U

L'église abbatiale, solitaire s'endort ;

Ses ifs centenaires, en d'étranges cierges
Écrivent dans le ciel, scellant rives et berges,
Des mots très sibyllins nimbés de franges d'or.
Elle entend maintenant la complainte des âmes,
Attendant le réveil des vivants et des morts,
Dans ces temps annoncés, noyés par les remords
Ils prieront le pardon de vils péchés infâmes.

J'écarte les ronces défendant le chemin
Menant à l'abside, encerclant le parvis,
Dont les pavés cachés se parent de jasmin.
Ses longs brins insistants encerclent les piliers
Et déplient vers le toit des tiges en paliers
Teintés d'ocre marron tel l'est le parchemin.

VIES CROISÉES

Agatha regardait le ciel gris de janvier
Gommer le paysage. En absence de rêve,
Et de projets certains, elle prit ce cahier
Écrit ce matin-là, sans s'accorder de trêve.

Ce récit spontané, mais sans lendemain,
Imposa ce désir d'inventer l'impossible,
Sans avoir deviné le travail si contraint,
Exigé par le roman et sa fin prévisible.

Ses héros l'emmenaient vers la lande de sable,
Noyant à l'horizon son ocre avec ce ciel,
Et laissant visible la ligne discernable
De l'arrondi donné par ce bel arc-en-ciel.

******

Personnage rêvé, elle imaginait l'homme,
Mais le parait des traits de son penchant d'été,
Doré comme les blés, mordant dans cette pomme,
Mais la fixant, friand, sans agressivité.

Ève bombant ses seins se faisait insolente,
Et ne détachait pas son regard vert lagon,
Des lèvres englobant la pomme appétissante,
Et ce torse bronzé de bel amphitryon.

…/…Suite 1

Agatha corrigeait sans cesse le récit
Car elle se sentait envahie par le songe
Et s'éloignait alors, laissant là en transit
Ce conte édifié comme l'est le mensonge.

Agatha sillonne le chemin à l'envers
Afin de rattraper ses émois de jadis
Et revoit le port blanc et les palmiers verts
Le sentier l'amenant droit vers son paradis

Elle connaît ce coin, loin des rayons solaires
Derrière les rochers escarpés et saillants
Et le raidillon atteignant le repaire
Protège des regards parfois trop malveillants.

Elle allait s'y cacher après le bain de mer,
Car la pierre de granit séchait sa chair avivée
Frémissante, sensible mais à l'aspect trop clair
De l'estivante très fraîchement arrivée.

L'année passée croyant les promesses
De ce garçon hardi l'entraînant à l'écart
Elle avait accepté de sa part les caresses,
Trop confiante en ses mains servant de rempart.

/Suite 2

Hélas l'endroit désert personne n'entendit
Ces cris désespérés ni même les paroles
Obscènes et abjectes devant l'interdit
Le laissant excité, rempli d'idées folles.

Agatha, combattant l'immixtion des temps
Laissant, malgré les ans la trace indélébile
De cette émotion, stagnant là, en dedans,
S'attache à son récit et devient immobile

Et bientôt disparaît le cadre de la chambre
Car s'immisce déjà l'attrait de ce roman,
Redonnant son éclat à ce cabochon d'ambre,
Brillant entre les seins, étrange talisman.

Agatha se sent lasse et regarde le ciel,
Elle a écrit longtemps, le soir sombre est tombé,
Car scintille déjà, l'éclat artificiel
Des grands réverbères, faits de verre bombé.

Elle pense à son train-train, si fade et solitaire,
Dans cet appartement, sommaire et encombré
De petits riens, liés à ce triste inventaire,
Et dans ce ramassis elle a vite sombré.

/Suite 3

Il fait froid maintenant, le poêle s'est éteint,
Mais descendre à la cave elle n'en a pas envie !
Elle n'a pas mangé et la voilà contraint
À terminer le pain et le reste de brie.

Il y a tant d'escaliers, avant de parvenir
À l'endroit assombri, car privé d'éclairage.
Elle renonce donc, décide de dormir,
Demain il sera temps de faire le ménage.

Les draps semblent trempés, tant il fait froid ici ;
En position fœtale, elle se blottit tremblante.
En cherchant son sommeil, elle est à la merci
De sa vie solitaire et pas très captivante !

Elle a cherché en vain le sommeil et perçoit
Ce pâle soleil blond avivant la croisée
Il lèche le plancher et se loge à l'étroit
Dans l'éclat irisé à travers la brisée

S'évader maintenant lui paraît essentiel,
Même si elle part accomplir le voyage,
Avec cahier, stylo, car les mots, torrentiels,
Remplissent son esprit, sans craindre de barrage

/Suite 1

La voilà esquissant le premier canevas
D'un récit qui surgit soudain page après page
Elle brosse le portrait non pas d'une diva
Mais d'une jeune fille à l'allure très sage

******

Elle lui donne vie, invente son prénom,
Et naît en elle alors la première image
D'une longue plage et de son sable blond
D'un groupe de rocher planté sur le rivage

Et l'histoire jaillit, se bousculent les mots
Ève à présent est là, presque familière
Elle regarde la mer et aussi les bateaux
Dépassant l'horizon de la terre insulaire

De sa marche féline, Ève gagne le flot.
Connaissant bien l'effet de ses chevilles fines,
Ses fesses rebondies, étirant le maillot
Et pressant dans son dos des pensées libertines

Sa nage est rapide, semblable à la sirène
Hantant l'opacité des tièdes soirs d'été
De l'éphèbe doré rêvant de mettre en scène
Le corps appétissant tant et tant convoité

/Suite 2

La belle, négligeant la simple défiance,
Dépasse la barre des flots effervescents,
Méprisant le danger par trop de confiance
Elle rejoint l'horizon de cobalt menaçant.

Ève scrute du regard, dans cette mer immense
Et aperçoit très loin la plage en mince trait ;
Trop forte la marée l'entraîne vers le large ;
Fataliste, elle sent, la mort et son attrait.

Elle va renoncer, mais dominant le flot
Le bel adonis en se rapprochant d'elle,
À l'aide de ses mains, hisse dans le canot
Ève échappant à l'attirance mortelle.

La prenant dans ses bras, grelottante d'effroi
Il frotte fermement la lisse chair livide.
Exhalant dans son dos il en chasse le froid
Et contemple ces jambes et ce galbe splendide.

Ève se laisse aller, apaisée, confiante,
Et contre ce torse elle va s'abandonner.
Profitant de cette présence radiante
Elle s'endort bientôt cessant de frissonner.

/Suite 3

Gardien de son sommeil, discret il la contemple
Admire ce visage, et son tracé charmant
Glisse son regard vers le blanc dont le temple
Limite le bronzage à cet endroit tentant.

Ève inconsciemment ressent cette attention
Ses seins et son ventre à l'océan ressemblent
Elle croit à l'instant à cette relation
De ce rêve secret et ses lèvres en tremblent.

*****

Le ciel s'est éclairci, Agatha s'est extraite
De sa réalité en fermant le cahier,
Car, en se relisant n'est jamais satisfaite,
Tant elle a gommé mots et phrases en entier.

Reviennent parfois les pensées l'obsédant,
De ces temps si lointains et le travail de sape,
Plein de haine et de honte, à ce fait dégradant,
Ayant brisé sa vie et dont elle ne s'échappe.

Elle évite avec soin d'associer les images,
Et laisse l'héroïne avoir ce sentiment
Côtoyé en rêve, pendant d'ardents voyages,
En sentant son sexe redevenir vivant.

/Suite 4

Elle a passé sa vie à effacer la trace,
Et s'est transformée en femme sans attrait,
Effaçant de son corps, même devant la glace,
Cette féminité la mettant en retrait.

À soixante ans passés la voilà arrivée,
Ne s'étant hasardée à connaître d'amis,
Encore moins d'amants, craignant d'être trompée,
Et se confie enfin à travers ce tamis

La création la prend et elle s'y adonne
Avec exaltation, sans compter de son temps.
Son destin est réglé, elle ne reçoit personne,
Ses parents sont morts, Il y a de ça longtemps.

Agatha, a remonté trois gros brocs de charbon,
Le café bien serré passe, et se dore le pain,
Ronronne la flamme et le potage sent bon,
Il en restera bien trois assiettes demain.

Concernant son roman, la trame est spontanée,
Ses personnages, en fait, tracent en son esprit
La ligne maîtresse, car reste instantanée
Cette envie d'écrire, sans le moindre répit.

/Suite 5

Elle attend en rêvant la première vision,
Espérant étayer, de façon attachante,
Cette histoire encore en pleine éclosion,
Car la personne d'Ève est vraiment attachante.

Elle la voit venir, nimbée de soleil d'or,
Et s'avancer vers l'homme, allongé à la plage.
Hier il l'arrachait des griffes de la mort,
En bravant les flots, sans en tirer avantage

******

Rose d'émotion, Ève lève sa main,
Et se dirige vers cet homme si intrépide,
Ayant tenté cet exploit, tellement incertain,
Sans penser à sa vie, en restant impavide.

-« Me sera-t-il possible de venir remercier
Mille fois cet acte fait de tant de vaillance ?
Sans votre énergie je me serai noyée
Je dois à votre cran cette aide et assistance

-« J'étais simplement à regarder le point noir
De votre tête lentement disparaître
Et très vite compris votre fol désespoir
D'être allée bien trop loin dans cet océan traître

/Suite 6

J'ai ressenti alors cette force attractive
Me portant à braver, même si je savais
Vos dispositions d'excellente sportive
Votre regard me blâmant, mais je le devais ! »

-« J'aimerais connaître votre prénom dit-elle
Moi c'est simplement Ève et j'habite très près
Dans l'ancien village, pas loin de la chapelle
En cette maison blanche et sa haie de cyprès. »

Il se met à rire, la rendant déconcertée
-«Ève là c'est vraiment belle coïncidence
Car je me nomme Adam et c'est ma fierté
Et je loge très près de votre résidence

Mais ne vais pas mentir, car déjà m'attirait
Votre joli visage dont le port gracile
M'incita à peindre ce très joli portrait
Et tenir en mes mains ce tanagra d'argile».

Ève rit également pensant vraiment trop drôle
L'association de ces prénoms d'antan
Se rappelle la pomme ayant porté ce rôle
Adam la mordait ce matin à pleine dent.

/Suite 7

Il l'aida à s'asseoir et prit bloc et crayons
- « J'aimerais dessiner votre visage de face
Afin de capter l'or nimbant de fins rayons
*Ces friselis charmants disposés en ro*sace.

- « Je n'imaginais pas le vert de votre iris
Cerclé de cet ocre et constellé d'étoile
J'espère exprimer le vrai ton de l'anis
Et si l'effet est bon, le faire avec la toile. »

-« J'apprécierai Adam de savoir dessiner
Mais je commence à peine et en fait je tâtonne
Et ma déception si prompte à me freiner
Rend ma tentative jamais vraiment très bonne. »

Il l'observe et reprend son crayon de graphite,
Noircit l'ombre enclosant l'éclairage
De l'orbe des seins et renforce la limite
Des globes arrondis bombant le corsage.

Ne sachant contenir cet émoi bondissant
Ève évite Adam si passionné à la peindre
En levant vers le ciel son regard attendrissant
Afin d'empêcher cette émotion de l'atteindre.

/Suite 8

Discrètement Adam cesse de crayonner
-« Ce n'est pas facile de rester immobile ?
Je ne sais comment me faire pardonner
J'ai comme toi très soif, je t'invite en ville.»

Et voilà ce « te » délivrant le message

De l'intimité naissante entre nos amis
Ève sent battre le sang devenir moins sage
Et lève vers Adam son regard interdit.
Le port draine les gens, revenant de la plage,

Certaines terrasses sont déjà encombrées,
Les tables libres sont prises à l'abordage,
Car le café est bon et la bière est ambrée.
À ce premier étage, désert les étés,

Ève et Adam vont s'y installer solitaires,
En dominant le port, et sans être affectés
Par les éclats de voix et les vains commentaires.
Parviennent simplement les fragrances marines,

Cet arôme odorant des cafés forts, servis,
Et le grincement des chaises de moleskines,
Mais à cet endroit-là, n'ont pas de vis-à-vis.
Percevant la timidité de sa compagne,

/Suite 8

Adam engage alors la conversation.
Il raconte sa vie dans ce coin de montagne,
Décrit bois et forêts avec grande passion.
Il vit, voilà trois ans, dans ce village alpin.

Exerçant avec joie son métier d'agronome,
Il recense la flore et l'étrange sapin,
Spécimen albinos absent de polychrome.
Sortant de sa poche, la photo de cet arbre

Il la montre à Ève en épiant ses regards.
En levant l'image de la table de marbre
Ève admire ce cliché si loin des standards.

******

Pas facile à l'instant, de discerner le fil
De ce récit prenant chez Agatha, importance.
Alors dans la chambre s'envole son exil
Tant elle crée la vie avec belle insistance.

Ce matin elle doit aller chercher son pain
Et choses paraissant vraiment essentielles
Afin de développer son travail d'écrivain
Sans être stoppée par des tâches matérielles.

/Suite 9

Elle lit le journal, prêté par la patronne.
Et observe souvent chaque comportement
Des clients attablés et n'attendant personne.
Comme un théâtre où tout le monde se ment.

Ce matin elle a prit son carnet avec elle
Pensant être inspirée par cet anonymat
Afin de transposer l'emprise émotionnelle
De ses héros noyés dans le même climat.

À la table à côté, elle aperçoit un homme
Devant le chocolat et son cahier vert
Écrivant très serré en signes économes
Des lignes noircies par des textes en vers.

De son sac, Agatha, retire le carnet,
Mais le laisse fermé, à côté de sa tasse.
Regardant s'emplir le petit estaminet,
Elle observe ce vif va et vient, de sa place.

L'homme, à côté, s'extrait en gommant le son,
Plongé dans son travail, il écrit sans arrêt,
Et laisse refroidir, sans boire, sa boisson,
Car rien ne semble retenir son intérêt.

/Suite 10

Pris par sa création il marmonne des mots,
Biffant, agacé, lignes et phrase écrites.
Enfin satisfait, s'isole dans son îlot,
Repris par sa passion, comme font les ermites.

Agatha apaisée, par son discret voisin,
Étale son cahier à la dernière page
Elle le sillonne, le lissant de sa main,
Et s'absorbe bientôt sans sentir de blocage.

L'orage inopiné fait entrer les clients,
Et les gens excités fracassant le silence
Cherchent à profiter, pressés et impatients,
Des places vacantes, sans craindre l'ingérence.

Le tapage s'apaise et bientôt l'on entend
Le son des voix devenir inintelligible.
Agatha dégage la table activement,
Car trop timide elle aimerait être invisible.

Son voisin, certainement impressionnant,
Garde solitaire l'endroit inviolable,
Et levant son regard, cependant avenant,
IL invite Agatha à se mettre à sa table.

/Suite 11

Permettez-moi Madame d'offrir cet endroit,
Car ici l'on n'entend moins la cacophonie.
Il y a ici des bavards, aimant le charroi,
Et nos écrits détestent la disharmonie.

Agatha ne se fait pas prier, et transporte
En face de son hôte, sa tasse et son sac,
Remercie timidement, de sa voix accorte,
Mais regarde l'horloge et entend son tic-tac.

Il serait temps de regagner l'appartement,
Son repas n'est pas prêt, et elle craint d'écrire
Devant cet homme et, dans son affolement,
Elle se met à bégayer et ne sait rien dire

Elle est restée trop longtemps dans ce vain silence,
À ne parler à personne et cherche ses mots.
Son sang fortement bondit, avec violence,
Et sa pression s'accélère, fortissimo.

L'homme écarte son cendrier plein de pages froissées,
Balaie ses cendres, et pose dans des assiettes
Les restes de croissant de la table poissée,
En Escamotant, discrètement les miettes.

/Suite 12

- « J'ai de regrettables manies de célibataire,
Et promet d'arrêter la cigarette, demain !
Mais en écrivant, je ne sais m'en défaire,
Elle pend à mes lèvres, en passant par la main.

Son interdiction devrait me rendre sage,
J'éteins dehors mon mégot, avec application,
Mais je sens son arôme en écrivant ma page,
Et cela accroît mon imagination.

Comme moi, je le sais en voyant le cahier,
Votre loisir favori doit être d'écrire ?
Je m'exerce péniblement à rimailler,
En demandant à mes mots de savoir transcrire."

- « Je commence à peine et je passe mon temps
À inventer l'histoire de mes personnages !
Je crois les cerner mais, c'est parfois consternant,
Ils dictent des phrases emplies de rabâchages. »

-« Écrire des romans ? Cela est admirable !
Je m'adonne à rimer, et le chemin est long
La poésie parfois paraît art négligeable
Mais donne ce plaisir sans avoir de galon. »

…/…Suite 13

Agatha boit avec délice les paroles,
Et elle, timide, s’enhardit à parler
De ses héros fictifs, mais chargés de symboles
En s’étonnant alors, à se les dévoiler.

Ève et Agatha ont les mêmes sentiments,
Et sont évidemment la partie inspirée
Des projets de l’adolescence, s’exprimant
Et donnent à la vie des pensées éclairées.

Agatha à présent, à travers son histoire,
Dévoile ses regrets de rêves caressés,
Il y a très longtemps et elle se met à croire
À ses songes d’alors, si vifs et empressés.

Gardées profondément ses aspirations
Rejaillissent, et elle se sent investie
Par le désir de vivre en vrai ses émotions,
Même si en son Ève, elle s’est travestie.

En s’exposant ainsi, sa parole s’anime,
Elle perd sa timidité, et viennent les mots
Exprimant avec force sa pensée intime,
À personne révélée, même à demi-mot

…/…Suite 14

-« Je m'appelle Francis, ce serait agréable
De savoir nos prénoms, car la prochaine fois
En reprenant le fil, il sera appréciable
De voir ici l'amie, à la table de bois. »

-« Et moi, c'est Agatha ! Me voilà étonnée
De parler sans arrêt et avec cet élan !
Ordinairement, tant cela est mon hantise,
Je ne parle à personne, car je n'ai pas de cran.

Notre long entretien m'a permis de connaître
Combien la poésie enrichit votre esprit.
Mon roman terminé, je devrais bien m'y mettre
Mais je dois réviser les styles incompris. ».

-« Agatha j'aimerais partager ma passion,
Des rimes et des lois mais en étant modeste
J'ai de l'expérience et cette admiration
J'aimerais la donner mais sans être indigeste. »

Sans s'en rendre compte, ils ont passé le temps
Dans ce coin retiré et devenant très sombre
Le soir est tombé car le ciel s'assombrissant
Les lampes éclairent et chassent les ombres.

…/…Suite 15

-« Je reviendrai demain, car il est grand temps
De revenir chez moi, le café va fermer
La patronne déjà referme les battants
Et range les chaises mais sans rien réclamer.

J'ai l'espoir Agatha de voir à cette table
Votre aimable personne car je vais apporter
« Traité de prosodie » vraiment indispensable
Afin de compléter l'envie de versifier.

Il se fait très tard le sol est verglacé
Acceptez donc mon bras et allons sans encombre
Rejoindre nos logis reprendre le tracé
De la passion des mots rendant la vie moins sombre »

Le froid vif a givré les arbres de l'allée
La médaille d'argent, accrochée dans le ciel
Semble dans ce décor de cristal, constellée.
Francis et Agatha sont dans l'immatériel.

Ils vivent à présent l'espoir de partager
Cette vie solitaire sans avoir sa moitié
Tant ce moment passé semble enfin présager
De longs instants de joie offerts à l'amitié

/...Suite 15

Agatha regagne son logis refroidi,
Le foyer s'est éteint, mais le potage est tiède,
Elle s'en sert largement et boit, très épicé,
Ce mélange d'herbes, choisi comme remède.

Son gros chandail de laine enfilé à la hâte,
Le brasier ranimé et ronflant à présent,
Agatha se prend à rêver, et devient immédiate,
La rédaction de son récit omniprésent

Absorbée par son texte elle en reprend le fil,
Et voit venir à elle sa belle héroïne
Brossant rapidement le climat en avril
Il sera facile de rendre Ève câline.

Elle l'avait laissée en été à la plage
Et voilà ce printemps imposant à la fois
L'émoi des sentiments bien normal apanage
De forts débordements mais sans être grivois.

******

Ève en robe blanche et fines espadrilles
Se déplace en dansant et fredonne à mi voix
Imitant égayée les bien vibrantes trilles
De ce pinson galant et sa belle de choix.

…/…Suite 16

Adam l'attend déjà ! Familier, il l'embrasse.
Hier il l'avait invitée à l'accompagner,
Dans le massif alpin, voir voler dans la passe
L'aigle, dont l'espèce ne cessait de stagner.

Il devrait contrôler les tests de la saison,
Des bêtes réinjectées dans ce biotope,
Et plantes florales, essaimant à foison,
Insolites, comme le sont ces plants d'hysope.

Francis avait envoyé à Ève des planches,
Écrites en français et latin, de ses clichés,
Mêlant des dessins d'arbres, de tiges et branches,
Ève, dans sa chambre les avait affichés.

Le temps plaisant drainait cet aérien zéphyr,
Faisant voler les friselis blonds de son Ève.
En la voyant Francis acceptait son désir
Tant il pensait à elle, semblable à son rêve.

Il avait ressenti en son être charmé
La place de ce sentiment envahissant
Mais il craignait si fort de n'être point armé
Et se dévoiler était bien trop angoissant.

…/…Suite 17

Chargeant le matériel dans la jeep de vert peinte
Ils prennent le chemin des premiers contreforts
Des Alpilles et longe le Var et la plaine atteinte
Ils croisent à Entrevaux ses remparts et ses forts.

Très raide devient la voie après des virages
Les épicéas remplacent chênes et pins
Et l'on voit apparaître les premiers villages
Accrochés à la roche, à l'à pic des ravins.

Le verre de vin blanc et la miche de pain
Sont achetés à ce mas de pierres sèches
Francis familier de l'endroit est très copain
Avec le patron expert de la pie-grièche.

Son ami a tapissé son estaminet
De dessins dont les détails sont très réels
Aigle, pinson, circaète et martinet
Agrémentent le décor et sont immortels.

Adam ramène, à son ami ses crayonnages
Et le vin clairet remplissant sa dame-jeanne
Récompense son talent dans ses coloriages
Et sa passion partagée par la gent paysanne

…/…Suite 18

La jeep s'arrête à la large plate-forme,
Dominant la vallée étroite et verdoyante.
Devant le chalet de rondins en bois d'orme
Jaillit, fraîche et claire, la fontaine de Dante.

L'abri, propriété des gardes forestiers,
Sans vis-à-vis et possédant le nécessaire,
Adam s'y établit de longs mois, volontiers,
Et devient le maître avéré de ce coin agraire

Il dégage la porte, de ses cadenas,
Et laisse entrer Ève dans cette grande salle.
L'immense lit trône, portant son matelas
Rayé Gris et blanc, près de la table bancale.

Ève constate l'émotion l'envahir,
Car elle sent sa voix coincer dans la poitrine.
Adam l'observe et, voyant son émoi venir,
Montre le chemin serpentant vers la colline.

- « Prends place maintenant et sois mon invitée
Ce soleil va bientôt bronzer jambes et bras.
Accorde-moi l'instant de sortir l'assiettée
De jambon de pays caché dans ce cabas

…/…Suite 19

Après on ira voir si le grand circaète
S'est acclimaté dans l'espace destiné
À sa nidification, et sa cache secrète,
Car à présent son oisillon doit être né »

Emportant dans son sac ses carnets et crayon,
Il propose à Ève l'emploi de sa lorgnette,
Et ils s'orientent droit vers le canyon,
Envahi par la ronce et l'épine-vinette.

Mais Adam connaît bien les dangers de l'endroit.
Il marche dans la piste, griffée par les chèvres,
Et rejoint la cache, bien placée à l'étroit,
Choisie à cet endroit par les hases et lièvres.

Il fait signe à Ève de stopper vivement,
Car à faible distance stagne ce chamois,
Reniflant les herbes de son retranchement,
Prêt à bondir et chercher l'abri des grands bois.

Ève contre son dos, il sent l'affolement
De son torse, agité par sa respiration,
Mais elle ne dit mot, en restant calmement
Lovée contre son corps, avec application.

…/…Suite 20

Fort décontenancé par ce comportement,
Affolant ressenti, mais cependant candide,
Il essaie de calmer son émoi vainement,
Car il se sent piégé, par son désir avide.

Son excitation devenant indiscrète
Il se lève, intimant à Ève de rester
Bien tapie à l'abri de la cache secrète,
Et prétexte devoir, ce gros chamois, pister.

Cela, hélas, présente des dangers et Ève
Se mettrait en péril, avec ses espadrilles !
Car l'endroit escarpé, très raide, s'élève
Et Adam ne doit pas y emmener de filles !

Ève l'observe donc, admirant l'apparence
De ses jambes solides, son dos de sportif,
Et sans nier, envers Adam, sa folle attirance,
Craint trop de révéler son élan attractif.

Cependant elle aime percevoir sa présence,
Son rire enfantin en parlant de ses exploits,
Et les histoires cocasses de son enfance,
Partagées avec de gais copains maladroits.

…/…Suite 21

À présent, elle espère d'Adam le partage
De ses sentiments, appelant le premier baiser,
Admettra-t-il d'aimer, sans craindre l'affichage
De cette relation et jamais la briser ?

Est-il craintif, est-il méfiant n'est-il pas libre ?
Se demande-t-elle et cela devient angoissant,
Car cette convoitise envahissant ses fibres,
L'empêchent d'exprimer ce sentiment naissant.

Adam dégringole dans le raidillon
Et disparaît derrière le rocher gris
Vive, Ève s'élance, angoissée vers le sillon
Dans la direction de son bel Adonis.

Il est là tamponnant le sang imbibant
Le carré de coton et regarde sa jambe.
-« Ce n'est rien mon amie, mais voilà c'est probant
Le coin est escarpé même à moi si ingambe !

Et braver le danger comme toi c'est folie
Vois, vraiment je n'ai pas trop de mal à marcher !
Cela m'est déjà arrivé, le fait est établi
Mais, Vrai ! Contre moi je devrais me fâcher.

…/…Suite 22

Je t'ai mise en danger oh ma jolie princesse
M'éloigner de toi était alors important
Je ne savais pas comment freiner ma hardiesse
Car mon désir devenait trop compromettant. »

-« Adam ne dis rien, je ressens le même émoi
Mes lèvres ont envie de tes lèvres tentantes
J'ai tellement aimé te serrer contre moi
Car ta présence rend mes envies affolantes »

Le ravissement vient d'envahir l'existence
Je n'espérais pas lors de mes insomnies
Voir se réaliser mes rêves d'espérance
Car être aimé de toi présage l'harmonie. »

Le ciel devient gris, l'horizon se grisaille
Messagers de l'orage Le vent et les éclairs
Annoncent la vive ondée faisant plier la paille
Et l'on voit planer l'aigle déchirant les airs

L'averse en crépitant engrosse le torrent
Dévalant le sommet en des flots de cascades
Ôtant avec elles les pigments colorant
Cette terre arrachée en vives cavalcades.

…/…Suite 23

Adam saisit la main d'Ève et vite l'arrache
De l'abri envahi et ces sentiers glissants,
Emportant cette glaise et les grandes plantes d ache
Et ils grimpent pressés, tels lièvres bondissants.

Gagnant enfin le plat, haletants et transis,
Ils galopent trempés, vers la noire cabane.
La porte refermée c'est enfin l'oasis,
Car Adam fait flamber des rondins de platane.

Les flammes crépitent, mais son Rêve grelotte,
Son corps transparaît et devient indécent,
Car son habit trempé, rien ne la ravigote,
Tant le froid est entré dans sa chair et son sang.

Adam l'enveloppe dans le plaid écossais,
Après s'être écarté car la sentant timide :
-« Je vais chercher le bois dehors dans le grand chai,
Ôte tes vêtements, ton visage est livide !

Viens te faire sécher et pendant ce temps
Je te préparerais le café à « la diable »
Il reste dans le flacon cet alcool de trois ans,
Versé dans la boisson ce sera délectable !

…/…Suite 24

Adam revient les bras chargés de branches sèches
La cheminée répand le ballet éclatant
Des étincelles d'or et ardentes, flammèches
S'élevant affolées dans l'âtre incandescent

On entend chantonner le café vivement
Exhalant l'arôme de cette boisson noire
Et versée par Adam tenant fermement
Le pot de terre, indispensable accessoire.

L'alcool répand après sa forte fragrance
Mêlée à ce miel blond et celle des tisons
Déposés dans le fond de ce grand pot à anse
Et dont le bombé est fait de minces cloisons.

D'Adam Ève s'approche et avisant le banc
Dispose ses habits afin de les sécher
Et regarde cet homme dont le regard tombant
Détaille sa chair blanche sans s'en détacher.

Crainte et attrait se mêlant, l'émoi irrépressible
Fait battre fort le sang car monte le désir
De concrétiser enfin, l'élan irrésistible
De son effet ardent appelant le plaisir.

…/…Suite 24

Le visage éclairé par la flamme dansante
Ève se sentant belle laisse glisser à terre
Le plaid, dernier rempart, car devient pressante
L'émotion d'Adam dévoilant son mystère.

******

Son bol de café et simplement la tartine
De pain sec, trempée dans la tiède boisson
Elle n'a pas l'esprit à être libertine
Ève et Adam attendront bien le grand frisson

Agatha, sans repère de ce temps s'envolant
Écrit sans s'arrêter, sans raviver la flamme
S'éteignant lentement et devient accablant
Le froid de janvier dérangeant son programme.

Elle clôt le cahier et se glisse habillée
Dans ses draps de coton et gros édredon
Mais le froid pénétrant, la maintient éveillée
Et l'esprit encombré de termes inféconds

Car comment inventer cette scène d'Éros
Elle se souvenant de la force virile
Trop chargée d'aversion et ce cri d'albatros
S'envolant à l'instant de l'appel malhabile

…/…Suite 25

Elle l'entend encore et n'a pas effacé
De l'esprit la crainte de ces infâmes temps
Ayant gâché sa vie dont le morne tracé
L'a amené ici, sans romans exaltants.

Elle verra demain, l'horloge le rappelle
Trois fois elle scande son ding-dong insistant.
Il neige mollement, et se lient en dentelle
Les flocons rassemblés dans ce froid persistant.

Insensiblement elle plonge dans le rêve
Et La chambre devient la cabane en rondin
Elle est à la fois la timide et charnelle Ève,
Et Agatha tremblant dans ces bras de gredin.

Il se fait tard, mais Agatha somnole encor,
Il fait froid ! De se lever, elle n'en a pas envie,
La neige a gommé les lignes de ce décor,
Le blanc paraît blafard, sans symbole de vie.

Mettant ses bottillons, et sa robe de laine,
Elle refait son chignon, et farde de gris-vert
L'arc fléchi de ces cils, et son teint porcelaine
Est éclairé alors par, son clair regard pers.

…/…Suite 25

Elle se regarde dans la glace et là, discerne
Cette ride griffant le rebord de ses lèvres,
Et contre son nez, l'installation de ce cerne
Accrédite cette image de femme mièvre.

Elle s'est négligée hélas voilà longtemps.
Dans cette vie moniale elle a abandonné
L'envie de plaire et a gaspillé son temps
Devant l'écran, pâle plaisir conditionné

Alors elle se coiffe de ce bonnet noir
Et farde ses lèvres de ce rose fané,
Agréable et discret et reprend espoir
La vie est au dehors elle l'a deviné

Tant pis si la neige est tombée fortement
Elle ira manger dans ce café de la place
Cahier, et stylo, dans son sac finalement
Rejoignent porte-monnaie, clés, dans cet espace.

La glace avait figé le flot dans le chenal ;
Canards et cygnes blancs, dans ce plan immobile,
Se dandinaient et l'envol était malhabile,
Car ils patinaient et égratignaient le canal

…/…Suite 26

Agatha, divertie par ce spectacle cocasse,
Observait la berge et là, fortissimo,
Les idées émergeant, comme en état de grâce,
Jaillit, en son esprit, cet empire des mots.

Malgré le froid glacial elle prit son carnet,
Afin de consigner la phrase originelle.
Elle admirait les pennes de ce martinet
Dont le clair chant épris appelait sa femelle.

Agatha écrivait rapidement, par crainte
De voir s'envoler sa belle inspiration,
Et naissait en elle le flot de la complainte
De l'existence, se vivant avec passion.

Elle ne prêta pas d'attention à ces pas discrets,
Venant droit vers le banc et les grandes branches
De l'immense cèdre dont les blancs crochets
Se déchargeaient de ses glaçons en avalanche

-« Agatha, attention ! Votre vie est en péril
À cet endroit précis, voyez les stalactites
Ont failli vous blesser, on n'est pas en avril !
Et personne ne passe ici, allez venez vite »

…/…Suite 26

-« Oh Francis je n'ai pas senti votre présence !
Merci cher ami, j'étais noyée dans mes pensées
Tant j'essayais de capter la belle émergence
Des idées colorées, vives et acharnées »

-« Je passe rarement ici, j'avais cependant
Repéré l'entrelacs de ramilles écarlates,
Enfermées dans l'écrin de glaçons descendant,
En pampilles allongées de perles délicates.

J'avais donc décidé de prendre cette photo,
Car l'exposition, hier, n'était pas très bonne.
Ce matin, le soleil m'a fait me lever très tôt
Tant, porté par le vent, chantait ce vibrato.

J'ai repéré votre démarche de très loin,
Et de ce coin déjà, je savais la menace ;
J'ai donc hâté le pas, le ciel m'en est témoin,
Tant j'étais effrayé de perdre votre trace »

-« Me voilà désolée, je ne passe jamais
Dans ce petit chemin, tant l'hiver à ma porte
Me voit bien cloîtrée, attendant le mois de mai,
Les arbres verdis et la froide saison morte. »

…/…Suite 27

-« Il est midi passé, rejoignons le café,
Nos pieds sont transis, allons très vite en face,
La patronne m'a dit, des lentilles avoir fait,
Et à ce mets tentant personne ne grimace.

Mais prenez donc mon bras, car je protégerai
Votre marche, en évitant les moindres glissades,
J'ai pensé, ce matin, à faire le portrait
Des clients s'enfilant ces énormes rasades.

J'ai déjà dessiné la façon obstinée
De ces abonnés, sifflant ces verres de vin,
Et offrant à la régalade, la trogne avinée,
Et se montrer digne même si c'est en vain.

- « Décidément Francis, l'art n'a pas de secret !
Dessin et poésie, sont de votre domaine ;
Mon modeste talent est resté bien discret ;
J'essayais ce matin d'écrire ce poème.

Il sortait simplement, loin des règles précises,
M'attachant à rimer, sans bien savoir comment
Rendre éclatants les mots, et les phrases concises,
Mais mon ignorance mène à l'achoppement.

…/…Suite 27

- « L'important c'est de persévérer, Agatha,
Et de tirer plaisir de l'envie de bien faire.
Le chemin est pavé de joie mais d'errata
À chasser constamment, et jamais ne s'abstraire.

L'on ressent l'émotion envahir lentement,
Et le récit fini, le chant des mots s'impose,
Alors on rêve encore dans cet apaisement
À être, avec l'imagination en symbiose.

Devant l'estaminet, les lampes scintillent,
L'ambiance les envahit, La porte franchie,
Car différents arômes dans l'air se distillent,
La chienne des patrons dort par terre, avachie.

Le soleil à l'instant, embrase la glace
Et renvoie ses rayons en plein dans le visage
D'Agatha et Francis, vivant dans cet espace
Isolés des clients dans ce discret passage.

Ils sont maintenant noyés dans le même halo
Têtes penchées ils se regardent et boivent
à la paille dans le même verre de diabolo
Et l'esprit alerte, des phrases se conçoivent

/...Suite 28

Les cahiers disposés, et le grand livre noir
Apporté par Francis, ils écrivent fébriles
Inondés de silence dans cet isoloir
Des phrases et des mots en des lignes fertiles,

Le temps n'a pas de prise ils ne ressentent rien
Mais ils apprécient l'arrivée de la soirée
Et l'arôme épicé de ce plat alsacien
Servi à l'instant par la patronne affairée,

Cette dernière fait signe à nos écrivains
- « Allez manger, ce soir j'en avais fait de trop
Ce serait péché de le jeter car les lendemains
On ne sert pas le même plat dans mon bistrot

À mes clients sympas, J'offre très volontiers
Mais j'ai, je l'admets la fibre sentimentale,
Et j'espérais voir, à l'aide de vos papiers,
Naître dans mon bistrot, la rencontre idéale.

Notre Agatha se tait, mais regarde Francis,
Très à l'aise et plaisantant avec l'hôtesse.
- « Madame Weber, j'aime les mots concis
Et force est de constater, d'Agatha l'adresse.

…/…Suite 29

Très modestement, en montrant nos écrits
De nos échanges est née cette amitié certaine,
Car Partageant la passion, ne sont pas proscrits
Nos propres sentiments, révélant cette veine.

Sans ces petits papiers, jamais cette rencontre
Ne serait née ici. N'aimant pas voisiner,
Je restais dans mon coin, cela à mon encontre,
Tant grand embarras et ne sais copiner.

Ma propre voisine paraissait si timide,
Plongeant dans son cahier, tellement absorbée,
J'ai ressenti très fort, l'envie intrépide
De la décrire en vers, mais à la dérobée.

J'ai inventé sa vie, ses espoirs, ses chagrins !
Comme femme elle était, elle s'appela Ève,
Jolie coïncidence, le fait n'est pas anodin,
Son héroïne à elle, portait le même rêve !

Cette histoire, vraiment tissée par le hasard,
A lié nos écrits, entrecroisant les signes,
Moi en poésie, elle aimant ce bel art,
A bâti son roman à lire entre les lignes ».

…/…Suite 30

- «Comment ne pas être embarrassée cher Francis
Devant vos compliments bien trop charitables
Habillant mes essais de termes si précis
Me hissant malgré moi trop vite à ce pinacle

Il reste tant de règles à assimiler
Mais ma mémoire hélas est déjà trop rebelle
Et mes efforts d'hier viennent s'annihiler
Car il ne reste rien de la veille dans ma cervelle »

« Je reconnais le talent ma chère Agatha
Et le vôtre éclate dans la belle ordonnance
Des mots précis sans changer le moindre iota,
Vos textes sont clairs et se lisent avec aisance

Il ne me reste pas grand-chose à corriger
Dans votre poésie, écrite ce matin
Les règles à assimiler, sans transiger
Sont déjà apprises, le reste est enfantin.

Je ne sais comme toi, mener enfin à son terme
L'histoire inventée car mon imagination
Aimant le changement ne me rend pas si ferme
Et rejette l'effort avec obstination,

.../...Suite 31

Ainsi le cinéma, comble mon existence
Car la narration se vit en accéléré
Cependant ma déception est parfois immense
Si le scénario est vraiment exagéré

J'ai très envie demain d'aller revoir « regain »
Le cinéma art et essai l'a mis à l'affiche
Je t'invite Agatha, si cela te convient
C'est je te le confesse mon film fétiche, »

- « Il y a si longtemps ! Comment m'en rappeler?
Dix années sont passées sans avoir l'occasion
De revenir dans ce ciné : cela va combler
Ces temps de retraite remplis d'indécision.

Comment remercier Francis, sans être redevable ?
Votre gentillesse est vraiment confondante,
J'offrirai le repas, et retiendrai la table...
De reconnaissance je me sens débordante »

- « J'accepte volontiers de prolonger alors
Cette belle soirée, en votre compagnie.
J'attendrais ici car il fait trop froid dehors.
On s'embrasse Agatha, c'est sans cérémonie!

…/…Suite 32

Elle tend son visage mais évite le regard ?
Tant elle ressent l'émotion s'emparer d'elle.
-"Francis je vais rentrer car il est déjà tard
Je serai là demain la joie donne des ailes »

Je vais compter le temps, maintenant Agatha.
Prends mon bras, je te raccompagne à ta porte.
Ne te formalise pas devant mon désidérata
D'être familier, et si le « toi et moi » l'emporte!

On se connaît, n'est ce pas, comme des amis ?
Alors abandonnons le langage des étrangers.
J'ai cette facilité, mais vrai c'est promis
Si cela te gêne je vais me corriger"

Le mois de mars était là, la neige fondait,
Les arbres reprenaient des coloris verdâtres
D'avant printemps, car le soleil s'attardait
Et rendait les esprits et les pensées folâtres.

_ « C'est étonnant, n'est ce pas ma chère Agatha !
Ce matin on marchait dans le sentier gelé,
Et voilà ce chemin, débarrassé de ces petits tas,
Crissant de neige, et de frimas amoncelé.

…/…Suite 33

Je ne ferai pas la photo de cette branche,
Dont le cristal enrobait le renflement
Des tiges naissantes, mais prendrais ma revanche,
Car je garde l'image en son décor charmant.

Ton sonnet décrivant le même paysage,
Rappellera encor cet instant ravissant,
Tant restera gravé en moi ton clair visage,
Et cette émotion allant m'envahissant.

J'étais tel l'adolescent, de ce temps ancien,
Tentant de comprendre les élans de son sang,
à la vision de l'amie, mais timide et béotien,
Paralysé par la force de ce big-bang.

Serais-je entiché ? Oh ne t'effraie donc pas !
Les sentiments naissent ainsi sans crier gare…
Le temps file vite maintenant, et nos pas
Emmènent vers la fin, nos vies sans fanfare.

Mais l'existence offre la belle récompense
De finir son projet, avec le compagnon
Si apte à remplir de joie notre existence
En ranimant la flamme dans notre maison.

…/…Suite 34

Le temps paraît si bref à Agatha charmée
Par Francis épiant les effets, à présent,
De la confidence de sentiments enflammés,
Sent grandir en elle ce lien omniprésent.

Ils s'arrêtent en voyant la fin de l'allée
Et la grille enserrant cette bande de terre
Plantée d'hortensias, et de la haie gelée
De bels ifs fastigiés, persistants conifères.

Francis tendrement caresse le visage
D'Agatha et dépose ce baiser charnel
Scellant tendrement le fascinant présage
De commencer ce roman exceptionnel.

Agatha ma chérie, À demain très vite,
Voilà mon téléphone, appelle-moi ce soir
J'ai peine à te laisser mais notre accord tacite
De te revoir encor me donne tant d'espoir !

- Comment te répondre ? Ne me raille pas,
N'en ayant pas l'emploi, n'ai pas de téléphone !
Cela ne déclenchait pas de réel embarras
Car je vis solitaire et ne connais personne

…/…Suite 35

Tiens mon Agatha, prends mon appareil mobile,
Arrivé chez moi, sitôt je t'appellerai.
Dès la sonnerie, ce n'est pas difficile
Enfonce ce digit et je te répondrai.

Telle midinette à sa première rencontre
Agatha monte les marches en chantonnant
Et attend en regardant son bracelet-montre
L'appel de Francis dans le soir descendant.

Son cahier écorné attire son regard
Et machinalement elle reprend l'épisode
Corrigé par Francis avec grand art
Alors déclamant son sonnet en rhapsode.

La sonnerie retentit, et dans l'affolement
Elle cherche vainement le signe en sa mémoire
Le modernisme l'effraie véritablement
Mais son désir d'essayer est contradictoire.

L'appel s'est arrêté, et vexée elle sanglote
Comment être si bête à son âge vraiment
Elle tape les nombres en se traitant d'idiote
Dont Francis à écrit les chiffres activement.

…/…Suite 36

Elle entend sa voix vibrer dans le combiné
Et sa prononciation paraît si différente
Car on perçoit l'accent à peine dominé
Chantant dans les finales de façon apparente.

Il parlait sans arrêt, de choses très plaisantes
Avec la légèreté le portant à en rire,
Ces histoires imaginaires et marrantes
Il s'empresserait demain de les retranscrire.

Mais comme Agatha attendait des phrases tendres
Elle n'osait répondre, et se sentait bernée.
Sa méfiance ancienne se faisant entendre,
Elle abrégea cet entretien, fort consternée.

C'était-il diverti en voyant son émoi
Colorer son visage, et devenir moins belle,
Et avait-il deviné son grand désarroi,
Et l'inexpérience de la chose charnelle ?

Triste et perplexe, Francis rappela Agatha,
Car il n'avait pas compris cette barrière,
Et il s'était senti complètement bêta,
Pensant avoir dit des choses trop cavalières.

…/…Suite 36

- « Agatha, ma chérie, ce damné téléphone
Parfois s'éteint sans en connaître la raison !
Je parlais mais hélas il n'y avait personne
Et je pestais contre la sacrée liaison

Viens donc me rejoindre, on passera le temps
À parler des choses et lois essentielles
De la poésie et on boira lentement
Ce chocolat, véritable péché véniel…

Je viens te chercher, si c'est là ton désir,
Et je serai devant ta porte à la demie.
Mets ton écharpe, car le froid va te saisir,
Mais n'aies pas de crainte, ce n'est pas loin ma mie.

Agatha lâche son stylo et son carnet
Le coeur tambour battant la voilà dans la rue
Quel est donc ce regain qu'elle ne peut freiner
De sentir que la joie en elle est apparue ?

Quand Sur le trottoir elle reconnaît soudain
Francis elle ne peut refréner cette envie
De courir vers lui qui déjà offre sa main
Pour l'attirer dans ses bras, émue et ravie.

…/…Suite 37

Qu'importent les voisins, et même les passants
Ils ne sont plus que deux amoureux face-à-face
Oublieux du temps mais déjà impatients
De se retrouver enfin dans un autre espace.

Agatha, se surprend à espérer ce jour
De vivre ce pourquoi sa vie enfin commence
Son rêve est si beau, car l'authentique amour
De cet homme est bien plus qu'une vaine espérance.

Elle pense pourtant à Ève et son Adam
Qu'elle a laissé choir à la fin de leur histoire
Elle a clos leur récit car pour elle à présent
C'est le sien qu'elle vit sans même une écritoire.

FIN

COUP DE FOUDRE

Comment ces doux regards, aussi calmes qu'un lac
Ont produit sur mon coeur, ce sentiment rapide
Unique dans ma vie, au destin insipide
Pour que j'oublie enfin du chagrin le ressac.

Depuis onze ans passés, cet amour m'accompagne
Et me fait croire encore aux châteaux en Espagne
Fous sont tous nos rires et nos baisers sont doux
Oublieux de ce temps qui grignote l'espace

Ultime est cet amour qui gomme nos tabous
Depuis que nous vivons ce bel état de grâce.
Retourner à la source de ce jour où ce sentiment
En un instant prit en nos coeurs toute la place

LA NUIT DES SORCIÈRES

Noir d'encre est le ciel, dans cette nuit d'octobre
Où les esprits, sont par les incantations
Attirés sur la terre lors des célébrations
De fêtes rituelles qui n'ont plus rien de sobre.

Des enfants déguisés, en cadavres affreux
Lorsque tombe la nuit quémandent des bonbons
En heurtant joyeusement aux portes et aux gongs
De gens attendris ou quelquefois furieux.

L'on découvre parfois dans un très vieux grimoire
Les sorcières lisant d'insolites versets
Quand la lune d'argent aux effrayants effets
Devient brusquement d'une couleur ivoire

De funèbres corbeaux, entourent le chaudron
Où l'on voit émerger, rats, hiboux et la tête
Du fabuleux serpent dont l'histoire secrète
Et ses mots ténébreux sont noirs comme goudron.

LE PÊCHEUR ET LA SIRÈNE

Le vieux pêcheur disait : Voyons c'est impossible,
En se frottant les yeux, rendus par l'âge vitreux
Il croit apercevoir qu'un djinn très malicieux
L'avait pour se gausser de lui, choisit pour cible.

Quelle n'est pas sa stupeur devant la vision
Quand son filet dans le canot enfin bascule
De constater qu'une sirène y gesticule
Pleurant de s'être fait piquer par l'ardillon. *

De peur que folie n'envahisse son âme
Le vieux marin verse sur sa tête un seau d'eau
Pour que cet incendie enflammant son cerveau
Ne le consume alors dans une ardente flamme.

L'Incommensurable de cette étrange histoire
C'est qu'il ne put conter par trop grande pudeur
Que la femme-poisson, remise de sa peur,
Rejoignit les flots bleus, son natal territoire.

* éperon.

SORTILÈGES

Dans le chaudron noirci par les flambées d'alors
Chantonne le brouet où la vieille Perséphone
A fait d'abord brûler les plantes qu'en automne
Elle alla ramasser près de la crique des morts.

Elle ajoute aussi les baies de la Belladone
Poussant dans son jardin près de la Datura,
Qui réduite en poudre un jour lui servira
A créer un poison sans qu'on ne la soupçonne.

Des escarbilles d'or s'échappant du brasier
Elle coupe, à présent, la chair d'une citrouille
Dont la douce saveur avec sang de grenouille,
Dissimulera l'âcreur enflammant le gosier.

Nul ne se doute que la très gentille dame
Aux longs cheveux neigeux, et au regard si bleu
N'est en secret en fait avec son air mielleux
Qu'une sorcière qui vendit un jour son âme.

Elle signa ce pacte, avec un jonc trempé
Dans son sang et c'est cette nuit qu'on perdit la trace
De marmots et ses bonbons, sans que les chiens de chasse
Ne puissent les trouver, malgré leur flair pugnace.

LA NUIT D'HALLOWEEN

Le firmament
Sans présence de lune,
Était insondable et étrange.
De malicieux marmots
Furetaient dans les herbes,
À la recherche
De la mythique citrouille,
Que toutes les années
L'on retrouvait
Emplie de bonbons.

Au lointain,
Une lueur rougeoyante
Attira leur attention,
Ils s'approchèrent, curieux,
Et parvenus aux abords du lac
Du sans-retour,
Ils aperçurent une vieille femme
En haillons,
Remuant dans un chaudron
Une potion mystérieuse
À l'aide de ses mains
Sans même se brûler

Du noir réceptacle
S'élevaient des escarbilles d'or
Qui crépitaient
Et fugacement éclairaient
Cette nuit d'encre.
Soudain, un balai de jonc
Entre les jambes,
L'inconnue
Sembla s'élever dans le ciel,
Mais cette apparition
Ressemblait tellement
À l'affreuse sorcière,
Dessinée dans le livre
Que leur mère leur lisait
Tous les soirs,
Quand ils avaient été sages,
Qu'ils prirent leurs jambes à leur cou,
Si rapidement
Qu'on ne put les suivre à la trace

FRACAS GUERRIERS

Est-ce folie ce tourbillon qui monte
Jusqu'au plafond vitreux d'un rouge incendie
Je ne ressens plus rien car pour l'instant ne compte
Que la vaine pudeur, de ressentir la honte
De cette vision d'être nue comme ver.

Je me souviens pourtant, du cri de la sirène
M'agaçant les tympans, mais était-ce hier ?
La colline flambait, sa plainte était humaine
Car j'entendais hurler le vieux chêne fier
Qui résista pourtant à l'ardente fureur

De ces sombres années où la haine bascule,
Des peuples qui jadis étaient encore amis,
Dans un conflit armé, qui en six ans accule
L'homme le plus doux, au pire compromis :
Celui de sauver sa peau en tuant l'inconnu.
Incommensurable dilemme pour sa survie !

TABLE DES MATIÈRES ;

Page 5 __________ILLUSION
Page 6__________ A DES YEUX D'AGATE
Page 7___________NUIT LACTESCENTE
Page 8___________PERSONNAGE DE L'OMBRE
Page 9___________L'ESTÉREL EN FLAMME
Page 10 à 11______LES MOTS M'ATTIRENT
Page 12 à 17______LES VOILES DU TEMPS
Page 18 à 22______REVES RECURRENTS
Page 23__________L'ÉGLISE ABBATIALE_
Page 24 à 71______VIES CROISÉES
Page 72__________COUP DE FOUDRE
Page 73__________LA NUIT DES SORCIÈRES
Page 74__________LE PÊCHEUR ET LA SIRÈNE
Page 75__________SORTILÈGES
Page 76 à 77______ LA NUIT D'HALLOWEEN
Page 78____________FRACAS GUERRIERS

www.ingramcontent.com/pod-product-compliance
Ingram Content Group UK Ltd.
Pitfield, Milton Keynes, MK11 3LW, UK
UKHW020236250726
13967UKWH00001B/392

9 780244 347512